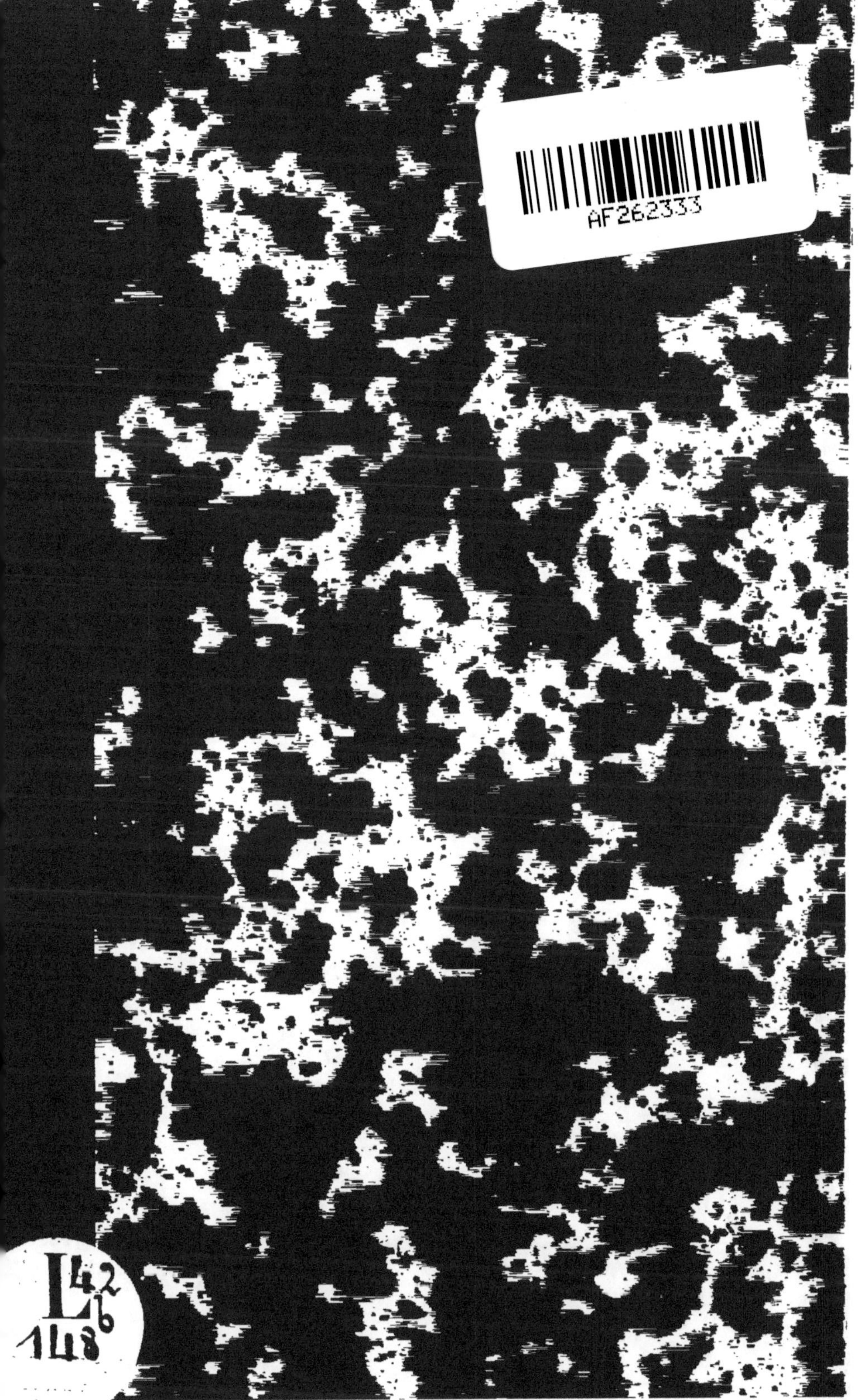
AF262333

OBSERVATIONS

Du Directeur de la liquidation des dettes des Emigrés du Département de la Seine ;

Sur la PÉTITION adressée au Corps Législatif, par les Administrateurs de ce même Département, dans laquelle ils revendiquent la liquidation de la dette des Emigrés.

OBSERVATIONS

Du Directeur de la liquidation des dettes des Emigrés du Département de la Seine;

Sur la PÉTITION *adressée au Corps Législatif, par les Administrateurs de ce même Département, dans laquelle ils revendiquent la liquidation de la dette des Emigrés.*

LES administrateurs du département de la Seine revendiquent diverses fonctions dont l'exercice ne leur est point attribué, quoiqu'il le soit aux autres administrations de département ; de ce nombre est la liquidation de la dette des Emigrés, confiée à Paris, pour le département de la Seine, à un Bureau particulier, régi par un directeur et établi par la loi du premier Floréal an 3ᵉ.

Rendons hommage aux sentimens dont les administrateurs du département de la Seine se montrent animés ; mais faisons voir, pour l'intérêt de la chose publique et des innombrables créanciers d'Emigrés dans le département de la Seine, que les administrateurs, entraînés par leur zèle, se sont fait illusion, en pensant que la liquidation de la dette des Emigrés leur appartenait, et que d'ailleurs ils ne connaissaient pas l'étendue de leur demande, et n'en ont pas apperçu les conséquences.

A

« L'institution du Bureau de liquidation de la
» dette des Emigrés, pour le département de la
» Seine, est *illégale* (disent les administrateurs)
» *parce que cette liquidation fait partie des fonc-*
» *tions constitutionnelles des administrations de*
» *département, et que, dans tous les départemens,*
» *elle appartient à l'administration centrale; l'ad-*
» *ministration des domaines nationaux leur est*
» *spécialement attribuée par la loi du 22 Avril*
» *1790 ; par l'exception que la loi du premier*
» *Floréal an 3e. a introduite pour le seul dépar-*
» *tement de la Seine, on y voit cette partie im-*
» *portante de l'administration des domaines,*
» *soustraite à la surveillance des magistrats*
» *constitutionnels : on y voit des fonctionnaires*
». *publics que le peuple n'a pas nommés ; d'ail-*
» *leurs*, ajoute-t-on, *la liquidation du passif est*
» *tellement liée à celle de l'actif, qu'en les divi-*
» *sant, c'est occasionner aux créanciers des dé-*
» *marches multipliées, et rallentir l'expédition*
» *des affaires* ».

Voilà tout ce que les administrateurs du département de la Seine ont pu imaginer pour
appuyer leur réclamation, quant à la liquidation
de la dette des Emigrés. Ils ne se sont pas crus
d'ailleurs en état d'attaquer le Bureau de liquidation par sa gestion, par l'expérience de l'utilité de ses travaux, et par sa manière d'opérer
jusqu'à ce jour ; ils ne se sont pas permis de lui
appliquer les reproches d'abus et d'excès qu'ils
ont réservés au Bureau du domaine national ; la

voix publique et le témoignage de tous les agens qui correspondent avec le Bureau de liquidation, se seraient élevés en sa faveur.

Est-il donc vrai que la liquidation de la dette des Emigrés soit une partie des fonctions propres et constitutionnelles des administrations départementales ? Car c'est à cette supposition que se réduisent tous les motifs des administrateurs du département de la Seine. Pour se le persuader, il faudrait admettre que l'émigration est et sera un acte perpétuel et permanent de la nation française, inhérent à son gouvernement, et que les lois sur l'émigration auront une éternelle application dans sa constitution ; ce que les administrateurs du département de la Seine n'admettront certainement pas.

L'émigration, les peines prononcées contre l'acte ainsi qualifié, et par suite, la liquidation de la dette des Emigrés, sont un événement de la révolution française, qui doit se terminer avec elle ; tout cela est révolutionnaire, personne n'en peut douter ; cette seule considération aurait dû arrêter les administrateurs du département de la Seine, quand ils se disent opprimés encore par le gouvernement révolutionnaire, parce qu'ils ne sont pas chargés de la liquidation de la dette des Emigrés.

La liquidation de la dette des Emigrés est évidemment une opération accidentelle et passagère, résultant de la confiscation prononcée contre ceux qui ont quitté la France pendant la guerre ; elle ne peut donc pas faire partie des fonctions cons-titutionnelles et permanentes d'aucune autorité constituée ; elle a donc dû par sa nature être l'objet d'une commission particulière, qu'on a bien pu attribuer aux administrations départementales, suivant les localités, mais qu'on a également pu attribuer à Paris à une direction particulière, dès que les circonstances particulières au département de la Seine l'exigeaient.

Les administrateurs du département de la Seine ne peuvent donc se faire une autorité de l'attribution donnée aux autres administrations de département, pour poser en principe que cette opération est inhérente à leurs fonctions ; car la nature des choses ne le suppose point du tout.

Les administrateurs du département de la Seine invoquent la loi du mois de Janvier 1790, constitutive des administrations de département : on doit bien penser que cette loi n'a pas dû comprendre, dans l'énumération des fonctions départementales, les émigrés et leurs dettes, auxquels on ne songeait pas alors. Qu'on parcoure la troisième Section, qui traite des fonctions des assemblées administratives, et l'on n'y verra rien qui ait rapport à une semblable opération.

Répartir toutes les contributions directes, ordonner la confection des rôles, régler et surveiller la perception, ordonner et faire exécuter le paiement des dépenses locales ; puis le soulagement des pauvres, l'inspection des hospices, la surveillance de l'éducation, la conservation des propriétés publiques, des forêts, rivières et chemins, la direction et la confection des travaux pour les routes, etc. voilà ce qu'on trouve dans la loi de 1790, comme fonctions propres aux administrations de département.

Les administrateurs du département de la Seine rappellent aussi la loi du 22 Avril 1790, qui attribue aux administrations de département l'administration des domaines nationaux : on se convaincra tout aussi facilement qu'il ne pouvait pas y être question des biens provenans des Emigrés, et encore moins de la liquidation de leurs dettes, qui n'a rien de commun avec l'administration de leurs biens.

Reconnaître les titres des créanciers des Emigrés et arrêter le montant de leurs créances, ce n'est point-là, en aucune manière, administrer leurs biens ; aussi le Bureau de liquidation de Paris, chargé uniquement de cette partie, n'a-t-il aucune gestion ni gouvernement quelconque des biens. La liquidation de la dette est une opération purement judiciaire, qui consiste à appliquer les lois anciennes et nouvelles aux titres produits par les créanciers, pour les y admettre ou les rejeter, et arrêter le montant de ce qui leur est dû, conformément à leurs titres. En quoi cette opération est-elle inhérente aux fonctions départementales ?

Lors donc que la loi du premier Floréal de l'an 3e. l'a confiée aux administrations de département, elle ne l'a pas fait, parce que cette opération devenait partie nécessaire de leurs fonctions, mais parce qu'elle a supposé qu'elle y serait plus facilement faite, et qu'il y aurait plus de convenance pour les créanciers, en quoi l'on s'est évidemment trompé, comme l'expérience le démontre chaque jour de plus en plus ; et lorsque pour le département de la Seine, cette même loi a créé un Bureau particulier, c'est qu'on a été persuadé que le travail, pour le seul département de la Seine, serait plus considérable que pour tous les autres départemens ensemble, et qu'il y faudrait une étendue de connaissances, de surveillance et d'activité, qui absorberait les moyens de l'administration départementale ; que ce serait un accessoire disproportionné avec le principal, qui préjudicierait aux fonctions habituelles, ou qui en souffrirait lui-même : or c'est ce dont il est facile de se convaincre quand on connaît la nature et l'étendue du travail du Bureau de liquidation.

La constitution faite et mise en activité depuis ces lois de 1790, et de Floréal de l'an 3e, s'explique-t-elle autrement, et fait-elle obstacle à l'existence du Bureau de liquidation ?

L'article 190 porte : *que les administrateurs de département et des municipalités sont essentiellement chargés de la répartition des contributions*

directes et de la surveillance des deniers prove-
nans des revenus publics dans leur territoire. Le
corps législatif, ajoute-t-il, déterminera les règles
et le mode de leurs fonctions, tant sur ces objets
que sur les autres parties de l'administration inté-
rieure.

On voit par-là que les fonctions propres et essentielles de ces administrations sont la répartition et la levée des contributions, et la surveillance des deniers provenans des revenus de leur territoire : on voit d'ailleurs que leurs fonctions peuvent être réglées et modifiées par le corps législatif.

La liquidation de la dette des Emigrés aurait donc appartenu à l'administration départementale, que le corps législatif aurait pu en disposer autrement, s'il l'avait jugé convenable.

Or le Bureau de liquidation de la dette des Emigrés du département de la Seine, est constitué par une loi, par celle même qui a ordonné et reglé la liquidation de cette dette;

Et bien loin que par la constitution on ait entendu rien changer à cet ordre de choses, c'est alors même qu'a été rendue la loi du 3 Brumaire, an 4ᵉ, qui a statué que la liquidation de la dette des Emigrés du département de la Seine resterait ainsi que celle de la dette publique en administration séparée.

Le Bureau de liquidation, qui prend sa source dans la loi même de cette liquidation, et dont la conservation a été ordonnée après la Constitution faite, et par une loi qui fait aussi partie de ses lois organiques, est donc très-mal-à-propos qualifié d'autorité illégale, par les administrateurs du département de la Seine, et c'est bien inutilement qu'ils invoquent encore les lois du 28 Germinal et du 21 Fructidor an 3e, qui maintiennent les administrations départementales dans toutes les fonctions à elles attribuées par les lois antérieures, puisqu'au 28 Germinal, la loi du 1er Floréal n'existait pas ; qu'au 21 Fructidor la liquidation de la dette des Emigrés n'était point attribuée aux administrateurs du département de la Seine, par la loi du 1er Floréal, mais au Bureau particulier de liquidation qu'elle avoit établi, et qu'enfin par la loi citée du 3 Brumaire la conservation de ce Bureau a été spécialement ordonnée.

Quelle impression peut faire après cela le reproche adressé par les administrateurs au directeur du Bureau de liquidation, de n'avoir pas été nommé par le peuple, lorsqu'il l'a été par ses représentans ? d'être hors de la surveillance des magistrats constitutionels, lorsqu'il est sous celle du ministre des finances, du directoire-exécutif, et nécessairement du corps législatif?

Les administrateurs du département de la Seine en pourraient dire autant du liquidateur de la dette publique, des commissaires de la

comptabilité , de ceux de la trésorerie, etc. qui
ne sont pas davantage nommés par le peuple;
ils en pourraient dire autant du directoire-exécutif lui même , et de tout le ministère.

On a donc eu raison d'avancer que les administrateurs s'étaient fait illusion, en considérant la liquidation de la dette des Emigrés
comme une de leurs fonctions propres et cons-
titutionnelles.

Quant à la nécessité de réunir la liquidation
de l'actif à celle du passif, et aux inconvéniens
de leur division actuelle , ce ne peut être un
motif de donner celle de la dette au département qui n'a en ce moment ni l'un ni l'autre ;
c'est une raison de porter le tout au Bureau de
liquidation; et c'est ce que la commission de
révision des lois sur les Emigrés, a proposé au
conseil des cinq cents, par le sixième projet de
résolution qu'elle a présenté sur la liquidation
de la dette des Emigrés.

Faisons voir maintenant que le Bureau de liquidation, qui est une institution légale, est
aussi une institution raisonnable et nécessaire ;
qu'il faudrait le créer, s'il n'existait pas ; qu'é-
tant établi, ce serait une très-fausse et très-pré-
judiciable opération, que de le détruire, et que
les administrateurs du département de la Seine
n'ont connu ni l'étendue ni les conséquences de
leur demande.

La liquidation de la dette des Emigrés pour

le seul département de la Seine, présente deux fois plus de travail, que celle de tous les autres départemens réunis.

On porte la dette totale à un milliard, et celle du département de la Seine, s'éleve seule à sept-cent millions.

Environ quatre-vingt mille parties prenantes forment le nombre des créanciers des Emigrés de ce département, et plus de soixante mille titres en constituent le dépôt.

Ainsi le Bureau de liquidation liquide à lui seul plus des deux tiers de la dette.

Faudrait-il autre chose pour démontrer que ce travail est hors de toute proportion avec le ressort de l'administration de ce département; qu'une commission particulière était ici indispensable, et que les administrateurs ne peuvent tirer argument de l'attribution faite aux autres administrations départementales ?

Lorsqu'on a confié la liquidation de la dette des Emigrés des autres départemens, aux administrations départementales, imaginant que ce travail était à la portée de ces administrations, et qu'il y aurait plus de commodité pour les créanciers, on a considéré que ce surcroît d'opérations serait très-peu de chose pour chacune d'elles, déjà moins chargées dans leurs propres fonctions, que le département de la Seine, et on a senti qu'il serait aussi ridicule que dispendieux de créer autant de commissions de liquidation que de départemens.

(13)

Si appréciant mieux alors la nature du travail de la liquidation, on avait pressenti que dans la plupart des départemens, il se trouverait très-peu d'hommes propres à être liquidateurs ; si faisant réflexion que la loi déterminait l'attribution à chaque département par le domicile de l'émigré débiteur, on avait jugé que les créanciers, pouvant être souvent domiciliés partout ailleurs que leur débiteur, il ne leur servirait de rien que la liquidation se fît au lieu de ce domicile ; si observant que l'opération de chaque liquidation vient aboutir au ministère des finances et à la trésorerie nationale dont le concours est nécessaire pour la terminer, et que c'est au ministre des finances que la loi donne le recours en cas de rejet, on avait reconnu que c'est toujours à Paris que chaque liquidation vient et se finit, on se serait bien mieux convaincu qu'il n'y avait dans les attributions départementales aucun bénéfice réel pour les créanciers ; et enfin si considérant que chaque administration de département est obligée d'avoir des Bureaux particuliers pour ce travail, on avait calculé la quantité de ces Bureaux et de leurs employés, qui s'élève peut-être à quinze cents, pour liquider un tiers de la dette des Emigrés, quand la liquidation des deux autres tiers se fait à Paris, avec cent quarante-cinq employés ; ou pour mieux dire, pour ne faire aucune liquidation, comme il arrive dans beaucoup de départemens, ou pour les faire dans la p'us profonde ignorance des règles, au trèsgrand préjudice de la nation et des créanciers, comme il arrive dans beaucoup d'autres, on ne leur eût point conféré cette attribution, on eût centralisé la liquidation totale à Paris, comme la commission, nommée par le corps-législatif, l'a proposé depuis au conseil des cinq cents, et comme il faudra y revenir en définitif, si l'on veut que cette liquidation soit régulièrement, judicieusement, promptement et économiquement faite, et si l'on ne veut pas qu'au contraire, elle dévore inutilement en frais la valeur des biens des Emigrés, et qu'elle n'ait jamais de fin.

Si l'on veut avoir un exemple frappant de l'indifférence au moins apparente des départemens pour la liquidation, par un seul acte, qui cependant devait être le plus simple et le plus à portée de tous, on saura que la commission des finances, ayant tout récemment voulu connaître le montant de la dette des Emigrés, elle en a été instruite sur le champ, pour le département de la Seine, par le directeur du Bureau de liquidation, tandis qu'elle n'a pu avoir aucun résultat pour les autres départemens, dont la majeure partie n'avait envoyé aucun état au ministre des finances, quoique ce dût être le premier objet de leur travail.

Ainsi depuis Floréal an troisième, la plupart n'ont pas même dressé ces états, et ne savent pas ce qu'ils ont à liquider.

Sans doute, on n'aurait pas les mêmes objections à faire, et les mêmes défiances à concevoir de l'administration du département de la Seine, mais le travail serait toujours au-dessus de ses moyens, et par sa nature et par son étendue.

Elle ne pourrait s'y livrer qu'au détriment de ses autres fonctions, déjà beaucoup plus considérables que dans les autres départemens, ou au préjudice de la liquidation qui ne pourrait être dirigée, suivie et accélérée par l'administration avec ses propres forces.

Pour juger en apperçu de ce que la liquidation des dettes des Emigrés offre de travail et de difficultés, il faut savoir qu'elle comprend la liquidation des arrérages de rentes perpétuelles et viageres, la liquidation définitive des créances exigibles ou constituées non viagères, la liquidation définitive des pensions et rentes viagères, la discussion des créances sur biens indivis, les unions de créanciers d'Emigrés insolvables, la vérification d'écriture ou signatures sous seing privé, les réglemens de mémoires, visite et estimation de travaux, taxe et reglemens des frais, vérification des à-comptes reçus par les créanciers et des secours payés aux pères, mères et femmes d'Emigrés, la suite des procès sub-

sistant entre les Emigrés et leurs créanciers, e
enfin la correspondance générale que tous ce
travaux nécessitent, tant avec les créanciers eux
mêmes, qu'avec les autres agences et les auto
tités constituées : et qu'elle a toutes ces opéra
tions pour les dettes des maisons des ci-devan
princes, pour les plus grandes maisons des ci
vant seigneurs, et des riches propriétaires pres
que tous domiciliés à Paris.

Il faut considérer que la liquidation d'un s
grand nombre de créances diverses, et l'examen de soixante mille titres différens, présenten
presqu'autant d'opérations particulières qu'il y
a de créances dont le plus grand nombre ne se
ressemblent en rien, et ne peuvent servir de
règle ou de modèle l'une pour l'autre, et don
l'ensemble exige dans les liquidateurs de grandes
lumières, une connaissance approfondie des lois,
et une expérience consommée des matières contentieuses. Ici, ce sont des ouvriers et des four-
nisseurs dont les réclamations exigent l'application des lois relatives à ce genre de créance ;
là des donataires ou des légataires, dont il faut
apprécier les droits pour pouvoir exécuter à leur
égard les lois relatives aux donations et aux
testamens. Des femmes d'Emigrés demandent que
leurs droits soient fixés ; les unes sont divorcées,
les autres ne le sont pas ; les unes ont accepté
la communauté, d'autres y renoncent ; il faut
déterminer ce qui résulte de leurs contracts de

mariage, les indemnités qui leur sont dues à raison des obligations que les maris leur ont fait souscrire, les récompenses et les prélévemens qui leur appartiennent, pour les remplir de tout ou partie de leurs biens aliénés; enfin les indemnités que la loi accorde aux épouses divorcées, pour leurs gains de survie. Ces liquidations sont quelquefois si compliquées, que les liquidateurs les plus habiles ont été obligés d'y consacrer des mois entiers, sans pouvoir se livrer à aucune autre opération.

D'un autre côté, on aurait peine à concevoir les soins, l'attention, le travail qu'exige la liquidation des rentes viagères, créées par des Emigrés; il faut y distinguer, les jouissans, les expectans, les têtes sur lesquelles elles sont assises; il faut faire autant de reconnaissances de liquidation qu'il y a de jouissances présentes et futures; les options pour la conversion en perpétuel ont encore leurs difficultés, etc. enfin ce n'est qu'apres des conférences multipliées avec les commissaires de la trésorerie nationale, qu'on a pu parvenir à rendre active cette partie de la liquidation, sur laquelle il est impossible que les départemens procèdent jamais avec quelque régularité.

Les difficultés redoublent, lorsque les Emigrés ont été déclarés insolvables; la nation ne payant leurs dettes que jusqu'à concurrence de leur actif, il faut connaître toutes les parties qui le composent, et dresser l'ordre de leurs créanciers, et c'est-alors que s'élèvent toutes les questions relatives à l'établissement des privilèges et hypothèques; depuis près d'un an on travaille à la seule union des créanciers de Rohan Guémené, et ce n'est que par des efforts extraordinaires qu'on se voit aujourd'hui en état de commencer des distributions entre ces malheureux créanciers.

Enfin il faut parler aussi des successions dévolues à la nation, à raison de l'émigration des présomptifs héritiers; la loi veut qu'on ne liquide les créances sur ces successions que jusqu'à concurrence de leur actif, et qu'après que les titres de créance auront été discutés avec les héritiers présens et pour la part afférente à la nation.

Pour peu que l'on soit versé dans la connaissance des affaires contentieuses, ou sentira combien ces opérations doivent être longues et pénibles; ce sont de véritables partages à faire, qui exigent la connaissance des lois anciennes, si multipliées et si variées sur cette matière, pour distinguer la nature, l'origine des biens, et les personnes appellées à les recueillir.

Ajoutez encore la nécessité généralement reconnue de réunir à la liquidation du passif des biens indivis, celle des partages même de ces biens, qui ne forment qu'une seule et même opération; liquidation que le Bureau du domaine national de la maison d'Uzès s'est inducment attribuée, et dont la division rend la liquidation et le partage de ces successions impraticables.

Alors on aura une idée imparfaite encore, de ce qui constitue le travail de la liquidation de la dette des Emigrés, et l'on pourra juger s'il est analogue aux fonctions des administrations départementales, si on peut le faire utilement dans tous les départemens, enfin si le département de la Seine pourrait s'y livrer.

On reconnaîtra qu'une pareille opération sur sept cent millions de créances et sur plus de soixante mille titres, a besoin de la plus grande unité de principes et de direction, d'une surveillance et d'une action continuelles ; qu'elle entraîne un détail et une correspondance immenses, pour lesquels il faut l'activité et l'expérience d'un chef uniquement livré à cette partie; l'on demeurera convaincu de l'impossibilité que les administrateurs du département de la Seine en fassent leur affaire personnelle ; on sentira que, si elle leur était attribuée, ils seraient obligés de la livrer eux mêmes à un chef, auquel il faudrait de toute nécessité qu'ils s'en rapportassent ; d'où il est évident que l'attribution serait totalement illusoire, et que tout le résultat en serait, moins de surveillance, moins d'activité, et une responsabilité nulle, parce qu'elle serait divisée entre plusieurs administrateurs réellement étrangers à ce genre d'occupation, et sujets à changer chaque année.

Voilà tout ce qui a déterminé l'établisseme[nt]
d'une commission particulière pour le départe[ment]
ment de la Seine, et ce qui déterminerait enco[re]
à la créer, si elle n'existait pas. Qu'est-ce don[c]
lorsque les administrateurs du département d[e]
la Seine proposent aujourd'hui de la détruire[?]

A l'utilité de son existence viennent alors s[e]
joindre tous les inconvéniens qui naîtraient d[e]
ce changement; les retards, le désordre et le[s]
frais qu'occasionnerait le bouleversement d'un[e]
machine aussi compliquée; ce serait, lorsque so[n]
organisation a coûté tant de soins, lorsqu'el[le]
est arrivée à sa perfection, lorsqu'elle march[e]
en pleine activité, lorsque le chef et ses coopé[-]
rateurs ont acquis la parfaite expérience de c[e]
qu'ils ont eux-mêmes créé, lorsqu'ils ont vainc[u]
toutes les difficultés, lorsqu'ils ont préparé to[us]
les travaux pour opérer la réforme et le com[-]
plément des lois sur cette matière, lorsqu'ils e[n]
suivent l'examen auprès du corps législatif, sai[si]
en ce moment de la discussion; lorsqu'enfi[n]
les nombreux créanciers d'Emigrés touchent a[u]
moment de voir réaliser leurs espérances, et ré[-]
compenser une si longue attente, que tout sera[it]
replongé dans le cahos, et que le changemen[t]
de local, le transport de tant de titres et d[e]
correspondances, la mutation des chefs et de[s]
employés viendrait à paralyser la liquidation[,]
jusqu'à ce que de nouveaux préposés eussent ré[-]
tabli un ordre nouveau, et acquis la connais[-]

ance de leur opération, avec l'expérience nécessaire pour la faire aller.

Pendant ce temps , les intérêts de la dette
s'accumuleront, les dépenses de l'administration
continueront sans aucun fruit ; les frais d'établissement du Bureau actuel seront perdus , le
déplacement et l'installation au département en
occasionneront d'autres , et quel avantage reti-
rera-t-on de tout cela ? quel en sera réellement
l'unique résultat ? la signature des administrateurs
du département de la Seine sera substituée à
celle du directeur de la liquidation, et voilà
tout ! Car c'est assurément là toute la part que
ces administrateurs y pourront prendre.

Le danger qu'il y aurait de prêter l'oreille à
leur prétention paraît sans doute assez complè-
tement démontré.

Mais une puissante considération, inséparable
de cette discussion , et sur laquelle on ne peut
s'empêcher, en finissant, de fixer l'attention des
législateurs , c'est que cette demande des administrateurs du département de la Seine , est pré-
cisément l'opposé de ce qu'il conviendrait de
faire pour amener l'opération dont il s'agit, à
son but, réguliérement, promptement, économiquement. Car loin de renvoyer à l'administration
du département de la Seine l'important et im-
mense travail de la liquidation des créanciers
d'Emigrés de ce département, il faudrait ramener
la liquidation des autres administrations à Paris,

et réunir aux deux tiers de la dette qui s'y liquident par CENT QUARANTE-CINQ employés, l'autre tiers disséminé entre tous les autres départemens qui, avec plus de QUINZE CENTS employés, ne liquident rien, ou liquident d'une manière préjudiciable aux intérêts de la république.

Ce projet d'une importance majeure, d'une utilité manifeste, devrait être accueilli et exécuté sans délai, ne le considérât-on que du côté de l'économie, si désirable, si urgente en ce moment. Que l'on imagine, et que l'on vérifie ce que peuvent coûter les quinze cents personnes qu'on suppose au moins devoir être employées, dans les départemens, à la liquidation des dettes des Emigrés, avec tous les frais accessoires de cette liquidation, et que l'on considère ensuite qu'avec cinquante ou soixante employés de plus à Paris, la totalité s'y ferait bien et s'y ferait avec célérité !

On ne saurait entrer ici dans le détail de tous les motifs qui sollicitent cette mesure, et qui lèvent toutes les objections qu'on y voudrait opposer : on les trouvera réunis dans le rapport qui a été fait au conseil des cinq cents. Jamais proposition plus utile et plus solidement établie, ne fut présentée au corps législatif et l'on peut dire qu'elle a été rejetée, sans avoir été connue et appréciée.

Il faut nécessairement y revenir, si l'on veut terminer la liquidation de la dette des Emigrés.

La demande des administrateurs du département
e la Seine est donc encore , sous ce point de
ue , en opposition avec l'amélioration et la fin
e la liquidation de la dette des Emigrés. Acquies-
cr à sa demande , ce serait se préparer des re-
rets , des pertes et des embarras de plus , si l'on
'avait d'ailleurs tous les motifs qu'on a déve-
oppés , pour se déterminer à la rejeter.

Signé , BERGEROT.

e l'Imprimerie de BERTRAND-QUINQUET,
rue S. Germain-l'Auxerrois , N°. 53.

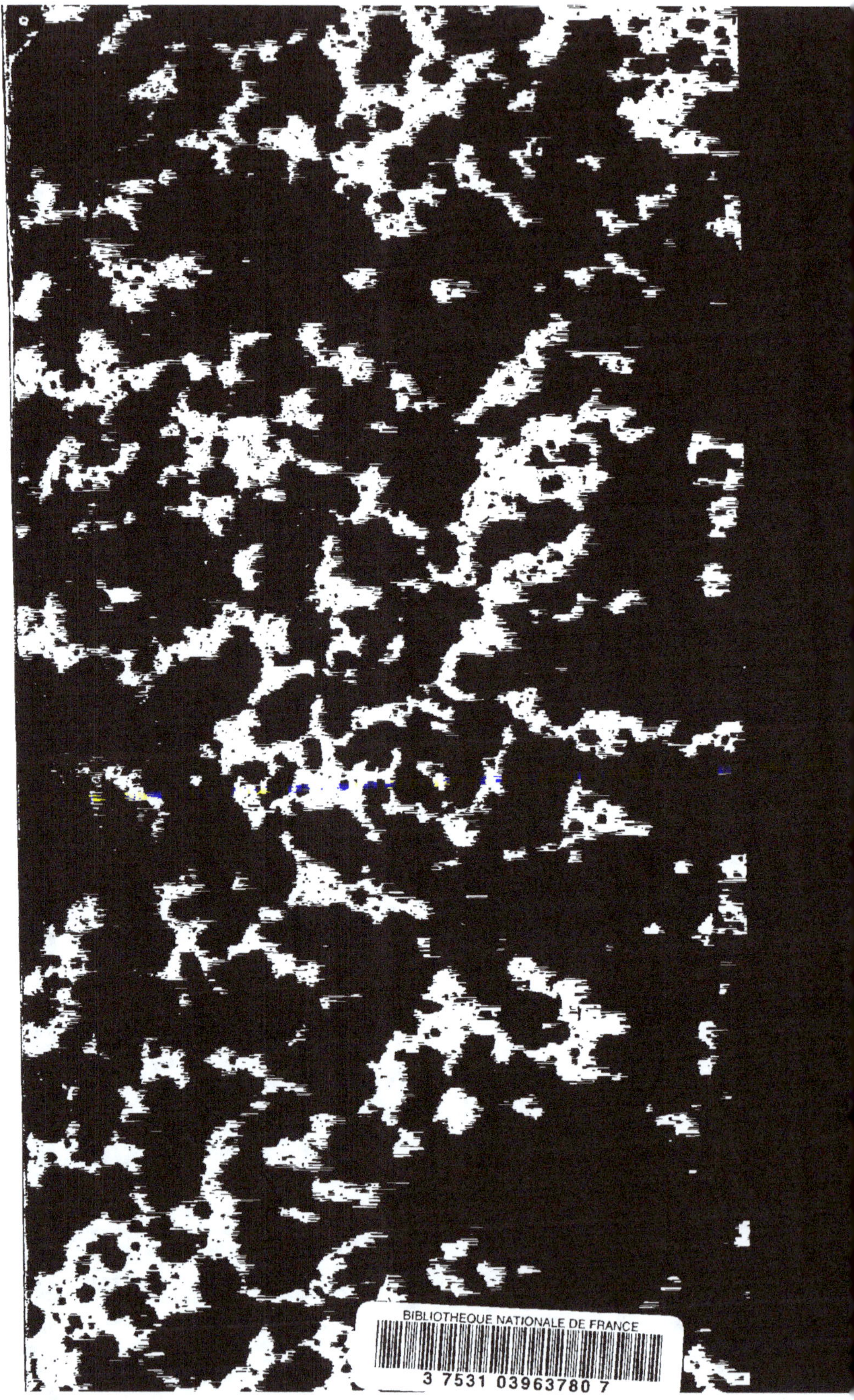